PANDUAN MENGUASAI SENI FROSTING

AF751134

100 resipi lazat dan teknik mudah

Jane Razak

ISI KANDUNGAN

ISI KANDUNGAN....3
PENGENALAN....7
FROSTING/AISING....9
1 Limoncello Frosting....10
2 Biscoff Frosting....12
3 Mocha Frosting....14
4 Cappuccino Frosting....16
5 Snicker Bar Frosting....18
6 Prosecco Buttercream Frosting....20
7 Dalgona Frosting....22
8 Ferrero Rocher Frosting....24
9 Mango Frosting....26
10 Frosting Kek Hari Lahir Kayu Manis....28
11 Toffee Frosting....30
12 Caramel Frosting....32
13 Coklat Whipped Cream Frosting....34
14 Prosecco Buttercream Frosting....36
15 Frosting Gebu....38
16 Cadbury bar Frosting....40
17 Pistachio frosting....42
18 Pembekuan kopi....44
19 Pembekuan kek hari jadi....46
20 Graham frosting....49
21 Kek keju pudina f rosting....52
22 Hazelnut frosting....54
23 Pembekuan serbuk pai....56
24 Pembekuan Biji Labu....58
25 Epal Fluff Frosting....60
26 Lemon Butter Frosting....62
27 Penuche Frosting....64
28 Whipped Mocha Frosting....66
29 Fudge Frosting....68

30 Frosting Kek Hitam..70
31 Frosting Keju Krim Kelapa..72
32 Marmalade Cream Cheese Frosting...74
33 Chocolate Cherry Frosting..76
34 Frosting Diraja...78
35 Butterscotch Frosting..80
36 Maple Buttercream Frosting...82
37 Prun Butter Frosting...84
38 Pembekuan Keju Krim Oren..86
39 Pembekuan Kek Pecan Berempah...88
40 Waldorf Red Velvet Frosting..90
41 Whipped Cream Frosting dengan Sos Raspberi.......................92
42 Espresso Cream Cheese Frosting..94
43 Pembekuan Biji Popi Lemon...96
44 Frosting Krim Karamel...98
45 Frosting Coklat Pudina..100
46 Frosting Krim Madu..102
47 Raspberry Buttercream Frosting..104
48 Frosting Keju Krim Pistachio...106
49 Pembekuan Gula Perang...108
50 Coca-Cola Frosting...110
51 Jambu Beku...112
52 Frosting Buih Laut...114
53 Pink Puff Frosting..116
54 Frosting Mentega Kacang Panggang......................................118
55 Frosting Hungary...120
56 Frosting Maraschino..122
57 Butter Pecan Frosting..124
58 Ais Kek Jem Frosted..126
59 Pembekuan Koko Sutera..128
SAYU..130
60 Sayu pudina...131
61 Sayu Strawberi..133
62 Kopi Glaze...135
63 Epal Cider Glaze..137

64 Apricot Glaze..139
65 Sayu Bourbon..141
66 Krim Keju Glaze..143
67 Glaze Oren..145
68 Coklat Buttercream Glaze...147
69 Lemon Glaze...149
70 Glaze Tangerine..151
71 Madu Glaze..153
72 Maple Glaze...155
73 Raspberry Glaze..157
74 Mango Glaze...159
75 Lavender Glaze...161
76 Sayu Mentega Kacang...163
77 Karamel Glaze..165
78 Kacang Badam..167
79 Sayu Kelapa..169
80 Pistachio Glaze...171
81 Matcha Green Tea Glaze...173
82 Raspberry Lemonade Glaze...175
GANACHE...177
83 Ganache labu..178
84 Beet-limau ganache..180
85 Coklat hazelnut ganache...183
86 Graham ganache...185
87 Ganache Coklat Hitam..187
88 Susu Coklat Ganache..189
89 Ganache Coklat Putih...191
90 Coklat Gelap Oren Ganache...193
91 Espresso Coklat Gelap Ganache.....................................195
92 Ganache Karamel Masin...197
93 Ganache Coklat Putih Raspberi.....................................199
94 Coklat Pudina Ganache..201
95 Ganache Coklat Mentega Kacang...................................203
96 Ganache Coklat Putih Kelapa..205
97 Hazelnut Dark Chocolate Ganache................................207

98 Susu Almond Coklat Ganache..209
99 Santan Coklat Gelap Ganache..211
100 Ganache Coklat Putih Karamel..................................213
KESIMPULAN...215

PENGENALAN

Selamat datang ke dunia kesenangan manis! Dalam buku masakan ini, kami menjemput anda untuk memulakan perjalanan yang menyeronokkan melalui alam pembekuan, icing dan ganache. Sama ada anda seorang tukang roti rumah yang ghairah atau tukang masak pastri profesional, buku ini ialah sumber utama anda untuk meningkatkan pencuci mulut anda ke tahap kelazatan yang baharu.

Frostings, icings, dan ganache adalah perhiasan mahkota mana-mana pencuci mulut. Mereka menambahkan lapisan tambahan rasa, tekstur dan daya tarikan visual, mengubah kek ringkas, kek cawan, biskut dan pastri kepada hidangan luar biasa yang membuatkan semua orang mengidamkan lebih banyak lagi. Buku masakan ini direka bentuk untuk menghilangkan misteri seni mencipta topping yang lazat ini, melengkapkan anda dengan pengetahuan dan keyakinan untuk meningkatkan kemahiran membakar anda ke peringkat seterusnya.

Dalam halaman ini, anda akan menemui khazanah resipi yang telah dicuba dan diuji untuk pelbagai pembekuan, aising dan ganache. Daripada pembekuan krim mentega klasik dan aising keju krim kepada ganache coklat baldu dan glaze halus seperti sutera, kami telah menyertakan pelbagai pilihan untuk memenuhi setiap citarasa dan majlis. Sama ada anda sedang mencari topping yang ringan dan gebu untuk kek hari jadi atau ganache yang kaya dan dekaden untuk sambutan istimewa, anda akan menemui resipi yang sesuai di sini.

Tetapi buku masakan ini lebih daripada sekadar koleksi resipi. Kami juga telah menyertakan petua, helah dan teknik yang tidak ternilai untuk membantu anda mencapai hasil peringkat profesional. Anda akan mempelajari rahsia di sebalik mencapai konsistensi yang sempurna, memasang hiasan yang menakjubkan dan mencapai kemasan yang sempurna. Dengan arahan langkah demi langkah kami dan panduan penyelesaian masalah yang berguna, anda akan dapat menangani sebarang cabaran pembekuan, aising atau ganache dengan mudah.

Jadi, sama ada anda merancang perayaan besar atau sekadar ingin menambah sentuhan manis pada baking harian anda, jadikan panduan anda. Bersedia untuk mencipta karya agung yang boleh dimakan yang akan mempesonakan keluarga, rakan dan selera anda!

FROSTING/AISING

1Limoncello Frosting

BAHAN-BAHAN:

½ cawan mentega tanpa garam, dilembutkan

4 cawan gula halus

2 sudu besar minuman keras Limoncello

1 sudu besar jus lemon segar

Pewarna makanan kuning (pilihan)

Kulit lemon untuk hiasan

ARAHAN:

Dalam mangkuk adunan, pukul mentega lembut sehingga berkrim.

Masukkan gula tepung secara beransur-ansur, minuman keras Limoncello, dan jus lemon. Pukul sehingga licin dan gebu.

Jika dikehendaki, tambahkan beberapa titis pewarna makanan kuning untuk mencapai warna kuning cerah untuk pembekuan.

2Biscoff Frosting

BAHAN-BAHAN:

1 cawan mentega tanpa garam, dilembutkan

1 cawan taburan biscoff

4 cawan gula halus

$\frac{1}{4}$ cawan susu

1 sudu teh ekstrak vanila

ARAHAN:

Dalam mangkuk adunan yang besar, pukul mentega lembut dan taburan Biscoff sehingga licin dan berkrim.

Masukkan gula tepung, susu dan ekstrak vanila secara beransur-ansur, gaul pada kelajuan rendah sehingga sebati.

Naikkan kelajuan kepada sederhana tinggi dan pukul sehingga ringan dan gebu.

Jika pembekuan terlalu pekat, tambahkan lebih banyak susu, satu sudu pada satu masa, sehingga konsistensi yang diingini dicapai.

3Mocha Frosting

BAHAN-BAHAN:

$\frac{1}{4}$ cawan mentega tanpa garam, dilembutkan

$1\frac{1}{2}$ cawan gula tepung

1 sudu besar serbuk koko

1 sudu besar butiran kopi segera

2-3 sudu besar susu

Taburan coklat atau serbuk koko, untuk hiasan (pilihan)

ARAHAN

Dalam mangkuk adunan, pukul mentega lembut sehingga berkrim.

Masukkan gula tepung, serbuk koko dan butiran kopi segera secara beransur-ansur. Gaul sehingga sebati.

Tambah susu, satu sudu pada satu masa, dan teruskan pukul sehingga pembekuan mencapai konsistensi yang licin dan boleh disebarkan.

4Cappuccino Frosting

BAHAN-BAHAN:

$\frac{1}{2}$ cawan mentega tanpa garam, dilembutkan

2 cawan gula halus

1 sudu besar butiran kopi segera

1 sudu besar air panas

1 sudu teh ekstrak vanila

ARAHAN:

Pukul mentega lembut sehingga berkrim.

Larutkan butiran kopi segera dalam air panas dan masukkannya ke dalam adunan mentega bersama gula tepung dan ekstrak vanila.

Pukul sehingga licin dan berkrim.

5Snicker Bar Frosting

BAHAN-BAHAN:

$\frac{1}{2}$ cawan mentega tanpa garam, dilembutkan
$\frac{1}{2}$ cawan mentega kacang berkrim
2 cawan gula halus
3 sudu besar susu
Bar Snickers yang dicincang, untuk hiasan

ARAHAN:

Dalam mangkuk, pukul bersama mentega lembut dan mentega kacang sehingga licin dan berkrim.
Masukkan gula halus secara beransur-ansur, kacau hingga sebati.
Tambah susu, 1 sudu pada satu masa, sehingga konsistensi yang diingini dicapai.
Campurkan dalam bar Snickers yang dicincang.

6Prosecco Buttercream Frosting

BAHAN-BAHAN:

$1\frac{1}{2}$ cawan mentega tanpa garam, dilembutkan
4 cawan gula halus
$\frac{1}{4}$ cawan Prosecco (wain berkilauan)
1 sudu teh ekstrak vanila

ARAHAN:

Dalam mangkuk adunan besar, pukul mentega lembut sehingga berkrim dan licin.
Masukkan gula tepung secara beransur-ansur, satu cawan pada satu masa, pukul dengan baik selepas setiap penambahan.
Masukkan Prosecco dan ekstrak vanila dan teruskan pukul sehingga frosting ringan dan gebu.

7Dalgona Frosting

BAHAN-BAHAN:

1½ cawan krim berat, sejuk

¼ cawan gula tepung

¼cawan kopi Dalgona

Serbuk koko (untuk habuk, pilihan)

ARAHAN:

Pukul krim kental yang telah disejukkan dan gula tepung sehingga bentuk soft peak.

Masukkan kopi Dalgona dan teruskan pukul sehingga stiff peak terbentuk.

8Ferrero Rocher Frosting

BAHAN-BAHAN:

$1\frac{1}{2}$ cawan krim berat

$\frac{1}{4}$ cawan gula tepung

1 sudu teh ekstrak vanila

12 coklat Ferrero Rocher, dicincang

ARAHAN:

Dalam mangkuk adunan, pukul krim kental sehingga soft peak terbentuk.

Masukkan gula tepung dan ekstrak vanila ke dalam krim putar dan teruskan pukul sehingga puncak kaku terbentuk.

Masukkan coklat Ferrero Rocher yang telah dicincang perlahan-lahan.

9Mango Frosting

BAHAN-BAHAN:

1 cawan mangga masak, dikupas dan dipotong dadu

$\frac{1}{2}$ cawan mentega tanpa garam, dilembutkan

4 cawan gula halus

Serbuk 1 biji limau purut

Jus 1 biji limau purut

ARAHAN:

Haluskan mangga yang dipotong dadu dalam pengisar atau pemproses makanan sehingga halus.

Dalam mangkuk adunan besar, pukul mentega lembut sehingga berkrim.

Masukkan gula tepung, kulit limau nipis dan jus limau nipis secara beransur-ansur, dan teruskan pukul sehingga kembang dan kembang.

Masukkan puri mangga ke dalam adunan mentega dan pukul sehingga sebati.

10Frosting Kek Hari Lahir Kayu Manis

BAHAN-BAHAN:

4 cawan gula halus

$\frac{1}{4}$ cawan mentega tanpa garam, dilembutkan

$\frac{1}{4}$ cawan susu

1 sudu teh ekstrak vanila

1 secubit kayu manis

taburan

ARAHAN:

Dalam mangkuk adunan, pukul bersama gula tepung, kayu manis, mentega lembut, susu, dan ekstrak vanila sehingga licin dan berkrim.

Campurkan dalam gthe taburan.

11Toffee Frosting

BAHAN-BAHAN:

$1\frac{1}{2}$ cawan mentega tanpa garam, dilembutkan
4 cawan gula halus
$\frac{1}{4}$ cawan sos toffee (boleh dibeli di kedai atau buatan sendiri)
1 sudu teh ekstrak vanila

ARAHAN:

Dalam mangkuk adunan besar, pukul mentega lembut sehingga berkrim dan licin.
Masukkan gula tepung secara beransur-ansur, satu cawan pada satu masa, pukul dengan baik selepas setiap penambahan.
Masukkan sos toffee dan ekstrak vanila dan teruskan pukul sehingga frosting menjadi ringan dan gebu.

12Caramel Frosting

BAHAN-BAHAN:

1½ cawan mentega tanpa garam, dilembutkan
4 cawan gula halus
¼ cawan sos karamel (dibeli di kedai atau buatan sendiri)
1 sudu teh ekstrak vanila

ARAHAN:

Dalam mangkuk adunan besar, pukul mentega lembut sehingga berkrim dan licin.

Masukkan gula tepung secara beransur-ansur, satu cawan pada satu masa, pukul dengan baik selepas setiap penambahan.

Masukkan sos karamel dan ekstrak vanila dan teruskan pukul sehingga frosting menjadi ringan dan gebu.

13Coklat Whipped Cream Frosting

BAHAN-BAHAN:

2 cawan krim berat, sejuk

$\frac{1}{2}$ cawan gula tepung

$\frac{1}{4}$cawan serbuk koko tanpa gula

1 sudu teh ekstrak vanila

ARAHAN:

Dalam mangkuk adunan yang sejuk, pukul krim kental, gula tepung, serbuk koko dan ekstrak vanila sehingga puncak kaku terbentuk.

Berhati-hati agar tidak terlalu banyak, kerana ia boleh menukar krim menjadi mentega.

14Prosecco Buttercream Frosting

BAHAN-BAHAN:

$1\frac{1}{2}$ cawan mentega tanpa garam, dilembutkan

4 cawan gula halus

$\frac{1}{4}$ cawan Prosecco (wain berkilauan)

1 sudu teh ekstrak vanila

ARAHAN:

Dalam mangkuk adunan besar, pukul mentega lembut sehingga berkrim dan licin.

Masukkan gula tepung secara beransur-ansur, satu cawan pada satu masa, pukul dengan baik selepas setiap penambahan.

Masukkan Prosecco dan ekstrak vanila dan teruskan pukul sehingga frosting ringan dan gebu.

15Frosting Gebu

BAHAN-BAHAN:

$\frac{3}{4}$cawan Gula

$\frac{1}{4}$ cawan sirap jagung, ringan

2 sudu besar Air

2 putih telur

$\frac{1}{4}$sudu kecil Garam

$\frac{1}{4}$sudu kecil Krim tartar

1 sudu teh ekstrak vanila

ARAHAN

Satukan di atas gula dandang berkembar, sirap jagung, air, putih telur, garam, dan krim tartar.masak di atas air mendidih dengan cepat, pukul dengan pengadun elektrik atau pemukul putar sehingga adunan menjadi puncak.Alihkan dari haba.

Tambah vanila; pukul sehingga frosting memegang pusaran dalam.

16Cadbury bar Frosting

BAHAN-BAHAN:

150g mentega tanpa garam, dilembutkan
300g gula aising
1 sudu kecil ekstrak vanila
2 sudu besar susu
100g mentega kacang halus
Bar Mini Cadbury, dicincang

ARAHAN

Pukul bersama mentega lembut, gula aising, ekstrak vanila, dan susu sehingga licin dan berkrim.
Pukul mentega kacang halus.
Tambah bar mini Cadbury.

17Pistachio frosting

BAHAN-BAHAN:

115 g mentega, pada suhu bilik[8 sudu besar(1 batang)]
40 g gula manis[$\frac{1}{4}$cawan]
230 g pes pistachio[$\frac{3}{4}$cawan]
2 g garam halal [$\frac{1}{2}$ sudu teh]

ARAHAN:

Satukan mentega dan gula manisan di dalam mangkuk pengadun berdiri yang dilengkapi dengan lampiran dayung dan krim bersama-sama pada sederhana tinggi selama 2 hingga 3 minit, sehingga kembang dan kuning pucat.
Masukkan pes pistachio dan garam dan gaul pada kelajuan rendah selama setengah minit, kemudian naikkan kelajuan ke sederhana tinggi dan biarkan ia koyak selama 2 minit. Kikis bahagian tepi mangkuk dengan spatula. Jika adunan tidak semua warna hijau pucat yang sama, beri satu minit lagi pada kelajuan tinggi, dan kikis semula.
Gunakan penyejuk beku dengan segera, atau simpan dalam bekas kedap udara di dalam peti sejuk sehingga 1 minggu.

18Pembekuan kopi

BAHAN-BAHAN:

115 g mentega, pada suhu bilik[8 sudu besar(1 batang)]
40 g gula manis[$\frac{1}{4}$cawan]
55 g susu[$\frac{1}{4}$cawan]
1.5 g serbuk kopi segera[$\frac{3}{4}$sudu teh]
1 g garam halal[$\frac{1}{4}$sudu kecil]

ARAHAN:

Satukan mentega dan gula manisan di dalam mangkuk pengadun berdiri yang dilengkapi dengan lampiran dayung dan krim bersama-sama pada sederhana tinggi selama 2 hingga 3 minit, sehingga kembang dan kuning pucat.
Sementara itu, buat susu kopi cepat: pukul susu, kopi segera dan garam dalam mangkuk kecil.
Kikis bahagian tepi mangkuk dengan spatula. Pada kelajuan rendah, masukkan susu kopi secara beransur-ansur. Anda pada asasnya memaksa cecair menjadi lemak, jadi bersabarlah. Campuran mentega akan bergumpal dan terpisah apabila terkena susu kopi. Lakukan jangan mengalirkan lebih banyak susu kopi ke dalam adunan mentega sehingga penambahan sebelumnya diserap sepenuhnya; pastikan pengadun dihidupkan dan kekal bersabar. Hasilnya akan menjadi pembekuan kopi yang sangat gebu, perang pucat dan sangat berkilat. Gunakan segera.

19Pembekuan kek hari jadi

BAHAN-BAHAN:

115 g mentega, pada suhu bilik[8 sudu besar(1 batang)]
50 g sayur-sayuran shortening[$\frac{1}{4}$cawan]
55 g krim keju[2 auns]
25 g glukosa[1 sudu besar]
18 g sirap jagung[1 sudu besar]
12 g ekstrak vanila jernih[1 sudu besar]
200 g gula manis[1$\frac{1}{4}$cawan]
2 g garam halal [$\frac{1}{2}$ sudu teh]
0.25 g serbuk penaik[secubit]
0.25 g asid sitrik[cubit]

ARAHAN:

Satukan mentega, pemendekan, dan keju krim dalam mangkuk pengadun berdiri yang dilengkapi dengan lampiran dayung dan krim bersama-sama pada sederhana tinggi selama 2 hingga 3 minit, sehingga adunan licin dan gebu. Kikis bahagian tepi mangkuk.

Dengan pengadun pada kelajuan paling rendah, strim dalam glukosa, sirap jagung dan vanila. Pukul pengadun sehingga sederhana tinggi dan pukul selama 2 hingga 3 minit, sehingga adunan licin seperti sutera dan putih berkilat. Kikis bahagian tepi daripada mangkuk itu.

Masukkan gula, garam, serbuk penaik, dan asid sitrik dan gaul pada kelajuan rendah hanya untuk memasukkannya ke dalam adunan.

Pukul semula kelajuan ke sederhana tinggi dan pukul selama 2 hingga 3 minit, sehingga anda mempunyai pembekuan putih yang cemerlang, licin yang cantik.

Ia sepatutnya kelihatan seperti keluar dari tab plastik di kedai runcit! Gunakan pembekuan dengan segera, atau simpan dalam bekas kedap udara di dalam peti sejuk sehingga 1 minggu.

20Graham frosting

BAHAN-BAHAN:

½ hidangan Graham Crust
85 g susu[⅓cawan]
2 g garam halal [½ sudu teh]
85 g mentega, pada suhu bilik [6 sudu besar]
15 g gula perang ringan[1 sudu besar padat]
10 g gula manis[1 sudu besar]
0.5 g kayu manis tanah [½sudu kecil]
0.5 g garam halal[⅛sudu teh]

ARAHAN:

Satukan kerak graham, susu dan garam dalam pengisar, hidupkan kelajuan kepada sederhana tinggi, dan puri sehingga licin dan homogen. Ia akan mengambil masa 1 hingga 3 minit (bergantung pada kehebatan pengisar anda). Jika adunan itu betul jangan menangkap bilah pengisar anda, matikan pengisar, ambil satu sudu teh kecil, dan kikis ke bawah sisi kanister, ingat untuk mengikis di bawah bilah, kemudian cuba lagi.

Satukan mentega, gula, kayu manis dan garam dalam mangkuk pengadun berdiri yang dilengkapi dengan pengangkut dayung, dan krim bersama-sama pada sederhana tinggi selama 2 hingga 3 minit, sehingga kuning gebu dan berbintik-bintik. Kikis bahagian tepi mangkuk dengan spatula.

Pada kelajuan rendah, kayuh dalam kandungan pengisar. Selepas 1 minit, engkol kelajuan sehingga sederhana tinggi dan biarkan dia mengoyak selama 2 minit lagi. Kikis bahagian tepi mangkuk dengan spatula. Jika adunan bukan a sawo pucat seragam, beri mangkuk sekali lagi mengikis dan frosting satu minit lagi untuk mendayung berkelajuan tinggi.

Gunakan penyejuk beku dengan segera, atau simpan dalam bekas kedap udara di dalam peti sejuk sehingga 1 minggu.

21Kek keju pudina f rosting

BAHAN-BAHAN:

60 g coklat putih[2 auns]
20 g minyak biji anggur [2 sudu besar]
75 g krim keju [$2\frac{1}{2}$ auns]
20 g gula manis[2 sudu besar]
2 g ekstrak pudina [$\frac{1}{2}$ sudu teh]
1 g garam halal[$\frac{1}{4}$sudu kecil]
2 titis pewarna makanan hijau

ARAHAN:

Satukan coklat putih dan minyak dan cairkan adunan pada tahap rendah selama 30 hingga 50 saat.

Satukan krim keju dan gula manisan dalam mangkuk pengadun berdiri yang dipasang dengan lampiran dayung dan kacau bersama pada kelajuan sederhana rendah selama 2 hingga 3 minit untuk sebati.

Pada kelajuan rendah, masukkan adunan coklat putih perlahan-lahan. Gaulkan selama 1 hingga 2 minit, sehingga ia sebati sepenuhnya ke dalam keju krim. Kikis bahagian tepi mangkuk.

Masukkan ekstrak pudina, garam, dan pewarna makanan dan kayuh adunan selama 1 hingga 2 minit, atau hanya sehingga ia licin dan hijau leprechaun.

22Hazelnut frosting

BAHAN-BAHAN:

25 g mentega, pada suhu bilik[2 sudu besar]

65 g pes kacang hazel[$\frac{1}{4}$ cawan]

20 g gula manis[2 sudu besar]

0.5 g garam halal[$\frac{1}{8}$sudu teh]

ARAHAN:

Masukkan mentega ke dalam mangkuk pengadun berdiri yang dilengkapi dengan lampiran dayung dan dayung pada kelajuan sederhana tinggi sehingga ia benar-benar licin. Kikis bahagian tepi mangkuk dengan spatula. Ini adalah sedikit bahan jadi gunakan nenek anda pengadun sekarang atau ambil tugas dengan tangan dalam mangkuk sederhana.

Masukkan pes hazelnut, gula manisan, dan garam dan gaul pada kelajuan tinggi sehingga pembekuan kembang dan tidak berketul, 3 hingga 4 minit. Kikis bahagian tepi mangkuk dan gaul selama 15 saat, hanya untuk memastikan semuanya bagus dan lancar.

Gunakan segera, atau simpan dalam bekas kedap udara di dalam peti sejuk sehingga 1 bulan. Bawa ke suhu bilik sebelum digunakan.

23Pembekuan serbuk pai

BAHAN-BAHAN:

$\frac{1}{2}$ hidangan Pie Crumb
110 g susu [$\frac{1}{2}$ cawan]
2 g garam halal [$\frac{1}{2}$ sudu teh]
40 g mentega, pada suhu bilik[3 sudu besar]
40 g gula manis[$\frac{1}{4}$cawan]

ARAHAN:

Satukan serbuk pai, susu dan garam dalam pengisar, putar kelajuan kepada sederhana tinggi, dan puri sehingga licin dan homogen. Ia akan mengambil masa 1 hingga 3 minit (bergantung pada kehebatan pengisar anda). Jika adunan tidak menjadi. tangkap pada bilah pengisar anda, matikan pengisar, ambil satu sudu teh kecil, dan kikis ke bawah sisi kanister, ingat untuk mengikis di bawah bilah, kemudian cuba lagi.

Satukan mentega dan gula gula dalam mangkuk pengadun berdiri yang dipasang dengan lampiran dayung dan krim bersama-sama pada sederhana tinggi selama 2 hingga 3 minit, sehingga kembang dan kuning pucat. Kikis bahagian tepi mangkuk dengan spatula.

Pada kelajuan rendah, kayuh dalam kandungan pengisar. Selepas 1 minit, engkol kelajuan sehingga sederhana tinggi dan biarkan dia mengoyak selama 2 minit lagi. Kikis bahagian tepi mangkuk. Jika adunan tidak seragam, sangat pucat, hampir tidak sawo matang, berikan mangkuk itu satu lagi pengikisan dan satu minit lagi dayung berkelajuan tinggi.

Gunakan penyejuk beku dengan segera, atau simpan dalam bekas kedap udara di dalam peti sejuk sehingga 1 minggu.

24Pembekuan Biji Labu

BAHAN-BAHAN:

½ cawan pemendekan sawit, pada suhu bilik
2 sudu besar madu
½ sudu teh ekstrak vanila
Coklat cair dan biji labu

ARAHAN

Pukul shortening, madu, dan vanila sehingga rata.
Campurkan coklat cair dan biji labu.

25Epal Fluff Frosting

BAHAN-BAHAN:

1 cawan sos epal tanpa gula
1 pakej (3.4 auns) campuran puding vanila segera
1 cawan krim berat
1/4 cawan gula halus
1 sudu teh ekstrak vanila

ARAHAN:

Dalam mangkuk adunan, satukan sos epal dan adunan puding vanila segera. Gaul rata sehingga adunan puding larut.
Dalam mangkuk yang berasingan, pukul krim kental sehingga soft peak terbentuk.
Masukkan gula tepung dan ekstrak vanila secara beransur-ansur ke dalam krim putar. Teruskan menyebat sehingga membentuk puncak kaku.
Masukkan adunan krim putar perlahan-lahan ke dalam adunan sos epal sehingga sebati.
Gunakan pembekuan bulu epal untuk membekukan kek atau kek cawan. Sejukkan sebarang sisa makanan.

26Lemon Butter Frosting

BAHAN-BAHAN:

1 cawan mentega tanpa garam, dilembutkan
4 cawan gula halus
2 sudu besar jus lemon yang baru diperah
1 sudu besar kulit limau
1 sudu teh ekstrak vanila

ARAHAN:

Dalam mangkuk adunan, krim mentega lembut sehingga licin.
Masukkan gula tepung secara beransur-ansur, kira-kira 1 cawan pada satu masa, dan gaul rata selepas setiap penambahan.
Masukkan jus lemon, kulit lemon, dan ekstrak vanila ke dalam adunan mentega. Gaul sehingga sebati dan berkrim.
Laraskan konsistensi dengan menambah lebih banyak gula tepung untuk pembekuan yang lebih keras atau lebih banyak jus lemon untuk pembekuan yang lebih nipis.
Sapukan atau paipkan pembekuan mentega lemon pada kek atau kek cawan yang telah disejukkan.

27Penuche Frosting

BAHAN-BAHAN:

1/2 cawan mentega tanpa garam
1 cawan gula perang yang dibungkus
1/4 cawan susu
2 cawan gula halus
1 sudu teh ekstrak vanila

ARAHAN:

Dalam periuk, cairkan mentega dengan api sederhana.
Masukkan gula perang dan susu.
Didihkan adunan, kacau sentiasa. Didihkan selama 2 minit.
Keluarkan periuk dari api dan biarkan ia sejuk selama kira-kira 10 minit.
Pukul gula tepung dan ekstrak vanila secara beransur-ansur sehingga licin dan berkrim.
Sapukan pembekuan penuche ke atas kek atau kek cawan yang telah disejukkan. Pembekuan akan ditetapkan apabila ia sejuk.

28Whipped Mocha Frosting

BAHAN-BAHAN:

1 cawan krim berat
2 sudu besar gula halus
1 sudu besar butiran kopi segera
1 sudu teh ekstrak vanila
Serbuk coklat atau serbuk koko (pilihan, untuk hiasan)

ARAHAN:

Dalam mangkuk adunan, satukan krim kental, gula tepung, butiran kopi segera dan ekstrak vanila.
Menggunakan pengadun elektrik, pukul adunan pada kelajuan sederhana tinggi sehingga soft peak terbentuk.
Teruskan pukul sehingga stiff peak terbentuk dan frosting kembang.
Paip atau sapukan frosting mocha yang disebat pada kek atau kek cawan yang telah disejukkan.
Pilihan: Hiaskan dengan serpihan coklat atau serbuk koko.

29Fudge Frosting

BAHAN-BAHAN:

1/2 cawan mentega tanpa garam
1/4 cawan serbuk koko tanpa gula
1/4 cawan susu
3 cawan gula halus
1 sudu teh ekstrak vanila

ARAHAN:

Dalam periuk, cairkan mentega dengan api sederhana.
Masukkan serbuk koko dan susu.
Didihkan adunan, kacau sentiasa. Didihkan selama 1 minit.
Keluarkan periuk dari api dan biarkan ia sejuk selama beberapa minit.
Pukul gula tepung dan ekstrak vanila secara beransur-ansur sehingga licin dan berkrim.
Sapukan pembekuan fudge pada kek atau kek cawan yang telah disejukkan. Pembekuan akan ditetapkan apabila ia sejuk.

30Frosting Kek Hitam

BAHAN-BAHAN:

1 cawan mentega tanpa garam, dilembutkan
4 cawan gula halus
1/4 cawan serbuk koko tanpa gula
1/4 cawan krim berat
1 sudu teh ekstrak vanila

ARAHAN:

Dalam mangkuk adunan, krim mentega lembut sehingga licin.
Masukkan gula tepung dan serbuk koko secara beransur-ansur, kacau rata selepas setiap penambahan.
Tuangkan krim kental dan ekstrak vanila. Pukul adunan sehingga licin dan berkrim.
Sapukan atau paipkan pembekuan kek hitam pada kek atau kek cawan yang telah disejukkan.

31Frosting Keju Krim Kelapa

BAHAN-BAHAN:

8 oz krim keju, dilembutkan
1/2 cawan mentega tanpa garam, dilembutkan
4 cawan gula halus
1 sudu teh perahan kelapa
1 cawan kelapa parut (pilihan, untuk hiasan)

ARAHAN:

Dalam mangkuk adunan, pukul keju krim lembut dan mentega sehingga sebati dan berkrim.
Masukkan gula tepung secara beransur-ansur, satu cawan pada satu masa, dan teruskan pukul sehingga rata.
Masukkan perahan kelapa dan gaul sehingga sebati.
Sapukan pembekuan keju krim kelapa pada kek atau kek cawan yang telah disejukkan.
Pilihan: Hiaskan dengan kelapa parut untuk menambah tekstur dan rasa.

32Marmalade Cream Cheese Frosting

BAHAN-BAHAN:

8 oz krim keju, dilembutkan
1/2 cawan mentega tanpa garam, dilembutkan
4 cawan gula halus
1/4 cawan marmalade oren
1 sudu teh ekstrak vanila
Kulit oren (pilihan, untuk hiasan)

ARAHAN:

Dalam mangkuk adunan, pukul keju krim lembut dan mentega sehingga licin dan gebu.
Masukkan gula tepung secara beransur-ansur, satu cawan pada satu masa, dan teruskan pukul sehingga sebati.
Masukkan marmalade oren dan ekstrak vanila, kacau sehingga sebati sepenuhnya.
Sapukan atau paipkan pembekuan keju krim marmalade pada kek atau kek cawan yang telah disejukkan.
Pilihan: Hiaskan dengan kulit oren untuk sentuhan sitrus yang bertenaga.

33Chocolate Cherry Frosting

BAHAN-BAHAN:

1 cawan mentega tanpa garam, dilembutkan
4 cawan gula halus
1/4 cawan serbuk koko tanpa gula
1/4 cawan jus ceri maraschino
1 sudu teh ekstrak vanila
Ceri Maraschino (pilihan, untuk hiasan)

ARAHAN:

Dalam mangkuk adunan, krim mentega lembut sehingga licin.
Masukkan gula tepung dan serbuk koko secara beransur-ansur, kacau rata selepas setiap penambahan.
Tuangkan jus ceri maraschino dan ekstrak vanila.Pukul sehingga licin dan berkrim.
Sapukan atau paipkan pembekuan ceri coklat pada kek atau kek cawan yang telah disejukkan.
Pilihan: Hiaskan dengan ceri maraschino untuk sentuhan tambahan rasa dan hiasan ceri.

34Frosting Diraja

BAHAN-BAHAN:

3 putih telur besar
4 cawan gula halus
1 sudu teh jus lemon
Pewarna makanan (pilihan)

ARAHAN:

Dalam mangkuk adunan, satukan putih telur dan jus lemon.
Pukul dengan pengadun elektrik sehingga berbuih.
Masukkan gula tepung secara beransur-ansur, satu cawan pada satu masa, dan teruskan pukul sehingga pembekuan menjadi pekat dan berkilat.
Jika suka, masukkan pewarna makanan dan gaul hingga sekata.
Gunakan pembekuan diraja untuk menyalurkan reka bentuk hiasan atau kuih beku dan kek. Biarkan pembekuan kering dan ditetapkan sebelum dihidangkan.

35Butterscotch Frosting

BAHAN-BAHAN:

1 cawan mentega tanpa garam, dilembutkan

1 cawan gula perang yang dibungkus

4 cawan gula halus

1/4 cawan susu

1 sudu teh ekstrak vanila

ARAHAN:

Dalam mangkuk adunan, krim mentega lembut dan gula perang sehingga rata.

Masukkan gula tepung secara beransur-ansur, satu cawan pada satu masa, dan teruskan pukul sehingga sebati.

Tuangkan susu dan ekstrak vanila.Pukul sehingga licin dan berkrim.

Sapukan atau paipkan butterscotch frosting pada kek atau kek cawan yang telah disejukkan.

36Maple Buttercream Frosting

BAHAN-BAHAN:

1 cawan mentega tanpa garam, dilembutkan
4 cawan gula halus
1/4 cawan sirap maple tulen
1 sudu teh ekstrak vanila

ARAHAN:

Dalam mangkuk adunan, krim mentega lembut sehingga licin.
Masukkan gula tepung secara beransur-ansur, satu cawan pada satu masa, dan teruskan pukul sehingga sebati.
Tuangkan sirap maple dan ekstrak vanila.Pukul sehingga licin dan berkrim.
Sapukan atau paipkan pembekuan krim mentega maple pada kek atau kek cawan yang telah disejukkan.

37Prun Butter Frosting

BAHAN-BAHAN:

1 cawan mentega tanpa garam, dilembutkan
4 cawan gula halus
1/4 cawan mentega prun (puri prune)
1 sudu teh ekstrak vanila

ARAHAN:

Dalam mangkuk adunan, krim mentega lembut sehingga licin.
Masukkan gula tepung secara beransur-ansur, satu cawan pada satu masa, dan teruskan pukul sehingga sebati.
Masukkan mentega prune(puri prune) dan ekstrak vanila.
Gaul sehingga sebati sepenuhnya.
Sapukan atau paipkan pembekuan mentega prun pada kek atau kek cawan yang telah disejukkan.

38Pembekuan Keju Krim Oren

BAHAN-BAHAN:

8 oz krim keju, dilembutkan

1/2 cawan mentega tanpa garam, dilembutkan

4 cawan gula halus

2 sudu besar jus oren yang baru diperah

1 sudu besar kulit oren

1 sudu teh ekstrak vanila

ARAHAN:

Dalam mangkuk adunan, pukul keju krim lembut dan mentega sehingga licin dan gebu.

Masukkan gula tepung secara beransur-ansur, satu cawan pada satu masa, dan teruskan pukul sehingga sebati.

Masukkan jus oren, kulit oren, dan ekstrak vanila. Gaul sehingga sebati.

Sapukan atau paipkan pembekuan keju krim oren pada kek atau kek cawan yang telah disejukkan.

39Pembekuan Kek Pecan Berempah

BAHAN-BAHAN:

1 cawan mentega tanpa garam, dilembutkan
4 cawan gula halus
1/4 cawan susu penuh
1 sudu teh ekstrak vanila
1/2 sudu teh kayu manis tanah
1/4 sudu teh pala tanah
1/4 sudu teh bunga cengkih kisar
1 cawan pecan cincang, panggang (pilihan, untuk hiasan)

ARAHAN:

Dalam mangkuk adunan, krim mentega lembut sehingga licin. Masukkan gula tepung secara beransur-ansur, satu cawan pada satu masa, dan teruskan pukul sehingga sebati.
Tuangkan susu dan ekstrak vanila.Pukul sehingga licin dan berkrim.
Masukkan kayu manis, pala dan bunga cengkih yang telah dikisar ke dalam pembekuan. Gaul sehingga sebati.
Sapukan atau paipkan pembekuan kek pecan berempah pada kek atau kek cawan yang telah disejukkan.
Pilihan: Hiaskan dengan pecan cincang panggang untuk menambah tekstur dan rasa.

40Waldorf Red Velvet Frosting

BAHAN-BAHAN:

1 1/2 cawan mentega tanpa garam, dilembutkan
6 cawan gula halus
1/4 cawan susu penuh
1 sudu teh ekstrak vanila
Pewarna makanan merah

ARAHAN:

Dalam mangkuk adunan, krim mentega lembut sehingga licin. Masukkan gula tepung secara beransur-ansur, satu cawan pada satu masa, dan teruskan pukul sehingga sebati.
Tuangkan susu dan ekstrak vanila.Pukul sehingga licin dan berkrim.
Tambah pewarna makanan merah beberapa titik pada satu masa sehingga warna merah yang dikehendaki dicapai.
Sapukan atau paipkan pembeku baldu merah Waldorf pada kek atau kek cawan yang telah disejukkan.

41Whipped Cream Frosting dengan Sos Raspberi

BAHAN-BAHAN:

2 cawan krim berat
1/4 cawan gula halus
1 sudu teh ekstrak vanila
Raspberi segar (untuk hiasan)

SOS RASPBERI

1 cawan raspberi segar
2 sudu besar gula pasir
1 sudu teh jus lemon

ARAHAN:

Dalam mangkuk adunan, pukul krim kental, gula tepung, dan ekstrak vanila sehingga bentuk soft peak.

Sediakan sos raspberi dengan mengadun raspberi segar, gula pasir dan jus lemon dalam pengisar atau pemproses makanan sehingga halus. Tapis untuk mengeluarkan sebarang biji.

Perlahan-lahan lipat separuh daripada sos raspberi ke dalam frosting krim putar sehingga sebati.

Sapukan atau paipkan frosting krim putar pada kek atau kek cawan yang telah disejukkan.

Siramkan sos raspberi yang tinggal di atas kek atau kek cawan yang telah dibekukan.

Hiaskan dengan raspberi segar untuk sentuhan elegan.

42Espresso Cream Cheese Frosting

BAHAN-BAHAN:

8 oz krim keju, dilembutkan
1/2 cawan mentega tanpa garam, dilembutkan
4 cawan gula halus
1 sudu besar serbuk espresso segera
1 sudu teh ekstrak vanila

ARAHAN:

Dalam mangkuk adunan, pukul keju krim lembut dan mentega sehingga licin dan gebu.
Masukkan gula tepung secara beransur-ansur, satu cawan pada satu masa, dan teruskan pukul sehingga sebati.
Larutkan serbuk espresso segera dalam satu sudu teh air panas, kemudian masukkannya ke dalam campuran pembekuan.
Masukkan ekstrak vanila dan gaul sehingga sebati sepenuhnya.
Sapukan atau paipkan pembekuan keju krim espreso pada kek atau kek cawan yang telah disejukkan.

43Pembekuan Biji Popi Lemon

BAHAN-BAHAN:

1 cawan mentega tanpa garam, dilembutkan
4 cawan gula halus
2 sudu besar jus lemon yang baru diperah
2 sudu kecil kulit lemon
1 sudu besar biji popia

ARAHAN:

Dalam mangkuk adunan, krim mentega lembut sehingga licin.
Masukkan gula tepung secara beransur-ansur, satu cawan pada satu masa, dan teruskan pukul sehingga sebati.
Masukkan jus lemon, kulit limau, dan biji popia. Gaul sehingga sebati.
Sapukan atau paipkan pembekuan biji popia lemon pada kek atau kek cawan yang telah disejukkan.

44Frosting Krim Karamel

BAHAN-BAHAN:

1 cawan mentega tanpa garam, dilembutkan
4 cawan gula halus
1/4 cawan sos karamel
1 sudu teh ekstrak vanila
Secubit garam

ARAHAN:

Dalam mangkuk adunan, krim mentega lembut sehingga licin.
Masukkan gula tepung secara beransur-ansur, satu cawan pada satu masa, dan teruskan pukul sehingga sebati.
Masukkan sos karamel, ekstrak vanila, dan secubit garam. Gaul sehingga sebati.
Sapukan atau paipkan pembekuan krim karamel pada kek atau kek cawan yang telah disejukkan.

45Frosting Coklat Pudina

BAHAN-BAHAN:

1 cawan mentega tanpa garam, dilembutkan
4 cawan gula halus
1/4 cawan susu
1 sudu teh ekstrak pudina
Pewarna makanan hijau (pilihan)
1/2 cawan cip coklat mini

ARAHAN:

Dalam mangkuk adunan, krim mentega lembut sehingga licin.
Masukkan gula tepung secara beransur-ansur, satu cawan pada satu masa, dan teruskan pukul sehingga sebati.
Tuangkan susu dan ekstrak pudina.Pukul sehingga licin dan berkrim.
Jika dikehendaki, tambah pewarna makanan hijau beberapa titik pada satu masa sehingga warna hijau yang diingini dicapai.
Masukkan cip coklat mini hingga sekata.
Sapukan atau paipkan frosting coklat pudina pada kek atau kek cawan yang telah disejukkan.

46Frosting Krim Madu

BAHAN-BAHAN:

1 cawan mentega tanpa garam, dilembutkan
4 cawan gula halus
1/4 cawan madu
1 sudu teh ekstrak vanila

ARAHAN:

Dalam mangkuk adunan, krim mentega lembut sehingga licin. Masukkan gula tepung secara beransur-ansur, satu cawan pada satu masa, dan teruskan pukul sehingga sebati. Masukkan madu dan ekstrak vanila. Gaul sehingga sebati. Sapukan atau paipkan pembekuan krim madu pada kek atau kek cawan yang telah disejukkan.

47Raspberry Buttercream Frosting

BAHAN-BAHAN:

1 cawan mentega tanpa garam, dilembutkan
4 cawan gula halus
1/4 cawan jem raspberi tanpa biji
1 sudu teh ekstrak vanila
Raspberi segar (pilihan, untuk hiasan)

ARAHAN:

Dalam mangkuk adunan, krim mentega lembut sehingga licin.
Masukkan gula tepung secara beransur-ansur, satu cawan pada satu masa, dan teruskan pukul sehingga sebati.
Masukkan jem raspberi dan ekstrak vanila. Gaul sehingga sebati.
Sapukan atau paipkan pembekuan krim mentega raspberi pada kek atau kek cawan yang telah disejukkan.
Pilihan: Hiaskan dengan raspberi segar untuk hiasan.

48Frosting Keju Krim Pistachio

BAHAN-BAHAN:

8 oz krim keju, dilembutkan
1/2 cawan mentega tanpa garam, dilembutkan
4 cawan gula halus
1/4 cawan pistachio dicincang halus
1 sudu teh ekstrak vanila

ARAHAN:

Dalam mangkuk adunan, pukul keju krim lembut dan mentega sehingga licin dan gebu.
Masukkan gula tepung secara beransur-ansur, satu cawan pada satu masa, dan teruskan pukul sehingga sebati.
Masukkan pistachio cincang dan ekstrak vanila. Gaul sehingga sebati.
Sapukan atau paipkan pembekuan keju krim pistachio pada kek atau kek cawan yang telah disejukkan.

49Pembekuan Gula Perang

BAHAN-BAHAN:

1/2 cawan mentega tanpa garam
1 cawan gula perang yang dibungkus
1/4 cawan susu
2 cawan gula halus
1 sudu teh ekstrak vanila

ARAHAN:

Dalam periuk, cairkan mentega dengan api sederhana.
Masukkan gula perang dan susu.
Didihkan adunan, kacau sentiasa. Didihkan selama 2 minit.
Keluarkan periuk dari api dan biarkan ia sejuk selama kira-kira 10 minit.
Pukul gula tepung dan ekstrak vanila secara beransur-ansur sehingga licin dan berkrim.
Sapukan pembekuan gula perang ke atas kek atau kek cawan yang telah disejukkan. Pembekuan akan ditetapkan apabila ia sejuk.

50Coca-Cola Frosting

BAHAN-BAHAN:

1/2 cawan mentega tanpa garam
1/4 cawan Coca-Cola
3 sudu besar serbuk koko tanpa gula
4 cawan gula halus
1 sudu teh ekstrak vanila

ARAHAN:

Dalam periuk, cairkan mentega dengan api sederhana.
Masukkan Coca-Cola dan serbuk koko.
Didihkan adunan, kacau sentiasa. Didihkan selama 1 minit.
Keluarkan periuk dari api dan biarkan ia sejuk selama beberapa minit.
Pukul gula tepung dan ekstrak vanila secara beransur-ansur sehingga licin dan berkrim.
Sapukan pembekuan Coca-Cola pada kek atau kek cawan yang telah disejukkan.

51Jambu Beku

BAHAN-BAHAN:

1/2 cawan mentega tanpa garam, dilembutkan
4 cawan gula halus
1/4 cawan pes jambu batu, cair dan sejukkan
1 sudu teh ekstrak vanila

ARAHAN:

Dalam mangkuk adunan, krim mentega lembut sehingga licin. Masukkan gula tepung secara beransur-ansur, satu cawan pada satu masa, dan teruskan pukul sehingga sebati.
Masukkan pes jambu batu yang telah dicairkan dan sejuk serta ekstrak vanila. Gaul sehingga sebati.
Sapukan atau paipkan pembekuan jambu batu pada kek atau kek cawan yang telah disejukkan.

52Frosting Buih Laut

BAHAN-BAHAN:

2 putih telur besar
1 1/2 cawan gula pasir
1/3 cawan air
1/4 sudu teh krim tartar
1 sudu teh ekstrak vanila

ARAHAN:

Dalam mangkuk tahan panas, satukan putih telur, gula, air dan krim tartar.
Letakkan mangkuk di atas periuk air mendidih, pastikan bahagian bawah mangkuk tidak menyentuh air.
Dengan pengadun elektrik, pukul adunan pada kelajuan sederhana selama kira-kira 7-8 minit atau sehingga puncak kaku terbentuk.
Keluarkan mangkuk dari api dan teruskan pukul selama 1-2 minit lagi.
Masukkan esen vanila hingga sebati.
Gunakan pembekuan buih laut untuk membekukan kek atau kek cawan. Ia akan mempunyai tekstur yang ringan dan gebu.

53Pink Puff Frosting

BAHAN-BAHAN:

1 cawan gula pasir
1/4 cawan air
2 putih telur besar
1/4 sudu teh krim tartar
1 sudu teh ekstrak vanila
Pewarna makanan merah jambu (pilihan)

ARAHAN:

Dalam periuk, satukan gula dan air. Panaskan dengan api sederhana, kacau sehingga gula larut.
Dalam mangkuk adunan, pukul putih telur dan krim tartar sehingga soft peak.
Tuangkan sirap gula panas secara beransur-ansur ke dalam putih telur sambil terus dipukul pada kelajuan sederhana tinggi.
Pukul selama kira-kira 5-7 minit atau sehingga puncak kaku terbentuk dan pembekuan menjadi berkilat.
Kacau dalam ekstrak vanila. Jika mahu, tambahkan beberapa titis pewarna makanan merah jambu dan gaul sehingga berwarna sekata.
Gunakan pembekuan puff merah jambu untuk kek beku atau kek cawan. Ia akan mempunyai tekstur yang ringan dan lapang.

54Frosting Mentega Kacang Panggang

BAHAN-BAHAN:

1/2 cawan mentega tanpa garam, dilembutkan

1 cawan mentega kacang berkrim

2 cawan gula halus

1/4 cawan susu

1 sudu teh ekstrak vanila

ARAHAN:

Dalam mangkuk adunan, krim mentega lembut dan mentega kacang sehingga rata.

Masukkan gula tepung secara beransur-ansur, satu cawan pada satu masa, dan teruskan pukul sehingga sebati.

Tuangkan susu dan ekstrak vanila.Pukul sehingga licin dan berkrim.

Panaskan daging ayam di dalam ketuhar anda.

Sapukan pembekuan mentega kacang ke atas kek atau kek cawan yang telah disejukkan.

Letakkan kek beku atau kek cawan di atas loyang dan letakkan di bawah ayam pedaging selama 1-2 minit atau sehingga pembekuan mula keperangan sedikit.

Keluarkan dari ketuhar dan biarkan sejuk sebelum dihidangkan.

55Frosting Hungary

BAHAN-BAHAN:

1 cawan mentega tanpa garam, dilembutkan
4 cawan gula halus
1/4 cawan serbuk koko
1/4 cawan kopi yang dibancuh kuat, disejukkan
1 sudu teh ekstrak vanila
Secubit garam

ARAHAN:

Dalam mangkuk adunan, krim mentega lembut sehingga licin.
Masukkan gula tepung dan serbuk koko secara beransur-ansur, kacau rata selepas setiap penambahan.
Tuangkan kopi yang telah disejukkan dan ekstrak vanila.Tambahkan secubit garam untuk rasa.
Pukul adunan sehingga licin dan berkrim.
Sapukan atau paipkan pembekuan Hungary pada kek atau kek cawan yang telah disejukkan.

56Frosting Maraschino

BAHAN-BAHAN:

1/2 cawan mentega tanpa garam, dilembutkan
4 cawan gula halus
1/4 cawan jus ceri maraschino
1 sudu teh ekstrak badam
Ceri Maraschino (pilihan, untuk hiasan)

ARAHAN:

Dalam mangkuk adunan, krim mentega lembut sehingga licin.
Masukkan gula tepung secara beransur-ansur, satu cawan pada satu masa, dan teruskan pukul sehingga sebati.
Masukkan jus ceri maraschino dan ekstrak badam. Gaul sehingga sebati.
Sapukan atau paipkan frosting maraschino pada kek atau kek cawan yang telah disejukkan.
Pilihan: Hiaskan dengan ceri maraschino untuk hiasan.

57Butter Pecan Frosting

BAHAN-BAHAN:

1/2 cawan mentega tanpa garam, dilembutkan
1/2 cawan pecan cincang, bakar
4 cawan gula halus
1/4 cawan susu
1 sudu teh ekstrak vanila

ARAHAN:

Dalam kuali, bakar pecan yang dicincang dengan api sederhana sehingga naik bau. Ketepikan untuk sejuk.
Dalam mangkuk adunan, krim mentega lembut sehingga licin.
Masukkan gula tepung secara beransur-ansur, satu cawan pada satu masa, dan teruskan pukul sehingga sebati.
Tuangkan susu dan ekstrak vanila.Pukul sehingga licin dan berkrim.
Kacau dalam pecan yang telah dibakar sehingga sekata.
Sapukan atau paipkan mentega pecan frosting pada kek atau kek cawan yang telah disejukkan.

58Ais Kek Jem Frosted

BAHAN-BAHAN:

1/2 cawan mentega tanpa garam, dilembutkan
4 cawan gula halus
1/4 cawan susu penuh
1/4 cawan jem raspberi atau strawberi
1 sudu teh ekstrak vanila

ARAHAN:

Dalam mangkuk adunan, krim mentega lembut sehingga licin.
Masukkan gula tepung secara beransur-ansur, satu cawan pada satu masa, dan teruskan pukul sehingga sebati.
Tuangkan susu dan ekstrak vanila.Pukul sehingga licin dan berkrim.
Masukkan jem dan gaul sehingga sebati sepenuhnya.
Sapukan atau paipkan aising kek jem beku pada kek atau kek cawan yang telah disejukkan.

59Pembekuan Koko Sutera

BAHAN-BAHAN:

1 cawan mentega tanpa garam, dilembutkan
2 cawan gula halus
1/4 cawan serbuk koko tanpa gula
1/4 cawan krim berat
1 sudu teh ekstrak vanila

ARAHAN:

Dalam mangkuk adunan, krim mentega lembut sehingga licin.
Masukkan gula tepung dan serbuk koko secara beransur-ansur, kacau rata selepas setiap penambahan.
Tuangkan krim kental dan ekstrak vanila. Pukul sehingga licin dan berkrim.
Sapukan atau paipkan pembekuan koko sutera pada kek atau kek cawan yang telah disejukkan.

SAYU

60Sayu pudina

BAHAN-BAHAN:

30 g coklat putih[1 auns]
6 g minyak biji anggur[2 sudu teh]
0.5 g ekstrak pudina[sudu kecil $\frac{1}{8}$ sedikit]
1 titis pewarna makanan hijau

ARAHAN:

Satukan coklat putih dan minyak dalam hidangan yang selamat untuk ketuhar gelombang mikro dan cairkan coklat dengan api perlahan selama 20 hingga 30 saat. Gunakan spatula kalis haba untuk mengacau minyak dan coklat bersama-sama, bekerja sehingga adunan berkilat dan licin. Masukkan ekstrak pudina dan pewarna makanan.

61Sayu Strawberi

BAHAN-BAHAN:

1 cawan strawberi segar, dikupas dan dicincang

1 cawan gula tepung

1 sudu besar jus lemon

ARAHAN:

Dalam pengisar atau pemproses makanan, haluskan strawberi sehingga halus.

Dalam mangkuk sederhana, pukul bersama gula tepung dan jus lemon.

Masukkan puri strawberry ke dalam adunan gula tepung dan pukul sehingga sebati.

Tuangkan sayu ke atas pencuci mulut anda dan biarkan ia ditetapkan sebelum dihidangkan.

62Kopi Glaze

BAHAN-BAHAN:

1 cawan gula tepung

2 sudu besar kopi yang dibancuh

1/2 sudu teh ekstrak vanila

ARAHAN:

Dalam mangkuk kecil, pukul bersama gula tepung, kopi yang dibancuh, dan ekstrak vanila sehingga rata.

Laraskan konsistensi dengan menambah lebih banyak gula tepung jika perlu.

Siramkan sayu kopi ke atas pencuci mulut anda dan biarkan ia ditetapkan sebelum dihidangkan.

63Epal Cider Glaze

BAHAN-BAHAN:

1 cawan gula tepung
2 sudu besar cider epal
1/2 sudu teh kayu manis tanah

ARAHAN:

Dalam mangkuk adunan, satukan gula tepung, cider epal dan kayu manis yang dikisar.
Pukul sehingga sebati dan sebati.
Siram sayu epal cider di atas pencuci mulut anda dan biarkan ia ditetapkan sebelum dihidangkan.

64Apricot Glaze

BAHAN-BAHAN:

1/2 cawan aprikot awet

1 sudu besar air

ARAHAN:

Dalam periuk kecil, panaskan pengawet aprikot dan air dengan api perlahan.

Kacau sehingga bahan pengawet cair dan adunan menjadi licin.

Keluarkan dari api dan biarkan ia sejuk sedikit.

Berus atau sudukan sayu aprikot pada pencuci mulut anda semasa ia masih hangat.

65Sayu Bourbon

BAHAN-BAHAN:

1 cawan gula tepung

2 sudu besar bourbon

1 sudu besar mentega tanpa garam, cair

ARAHAN:

Dalam mangkuk adunan, pukul gula tepung, bourbon, dan mentega cair sehingga rata.

Laraskan konsistensi dengan menambah lebih banyak gula tepung jika perlu.

Tuangkan sayu bourbon ke atas pencuci mulut anda dan biarkan ia ditetapkan sebelum dihidangkan.

66Krim Keju Glaze

BAHAN-BAHAN:

4 auns krim keju, dilembutkan
1 cawan gula tepung
1 sudu teh ekstrak vanila
2-3 sudu besar susu

ARAHAN:

Dalam mangkuk adunan, pukul keju krim sehingga rata. Masukkan gula tepung dan ekstrak vanila, dan teruskan pukul sehingga sebati.
Masukkan susu secara beransur-ansur, satu sudu pada satu masa, sehingga konsistensi yang diingini dicapai.
Siramkan sayu krim keju ke atas pencuci mulut anda dan biarkan ia ditetapkan sebelum dihidangkan.

67Glaze Oren

BAHAN-BAHAN:

1 cawan gula tepung

2 sudu besar jus oren yang baru diperah

1 sudu kecil kulit oren

ARAHAN:

Dalam mangkuk kecil, pukul bersama gula tepung, jus oren, dan kulit oren hingga rata.

Laraskan konsistensi dengan menambah lebih banyak gula tepung atau jus oren mengikut keperluan.

Siram sayu oren ke atas pencuci mulut anda dan biarkan ia ditetapkan sebelum dihidangkan.

68Coklat Buttercream Glaze

BAHAN-BAHAN:

1 cawan mentega tanpa garam, dilembutkan

2 cawan gula halus

1/2 cawan serbuk koko

2-3 sudu besar susu

1 sudu teh ekstrak vanila

ARAHAN:

Dalam mangkuk adunan, krim mentega hingga rata.

Masukkan gula tepung dan serbuk koko secara beransur-ansur, dan pukul sehingga sebati.

Tambah susu, satu sudu pada satu masa, sehingga konsistensi yang diingini dicapai.

Campurkan ekstrak vanila.

Sapukan atau paipkan krim mentega coklat ke pencuci mulut anda.

69Lemon Glaze

BAHAN-BAHAN:

1 cawan gula tepung

2 sudu besar jus lemon yang baru diperah

1 sudu kecil kulit lemon

ARAHAN:

Dalam mangkuk kecil, pukul bersama gula tepung, jus lemon dan kulit limau hingga rata.

Laraskan konsistensi dengan menambah lebih banyak gula tepung atau jus lemon mengikut keperluan.

Tuangkan sayu lemon ke atas pencuci mulut anda dan biarkan ia ditetapkan sebelum dihidangkan.

70Glaze Tangerine

BAHAN-BAHAN:

1 cawan gula tepung

2 sudu besar jus tangerine yang baru diperah

1 sudu teh kulit jeruk keprok

ARAHAN:

Dalam mangkuk kecil, pukul bersama gula tepung, jus jeruk keprok, dan kulit jeruk limau hingga rata.

Laraskan konsistensi dengan menambah lebih banyak gula tepung atau jus tangerine mengikut keperluan.

Siramkan sayu tangerine ke atas pencuci mulut anda dan biarkan ia ditetapkan sebelum dihidangkan.

71Madu Glaze

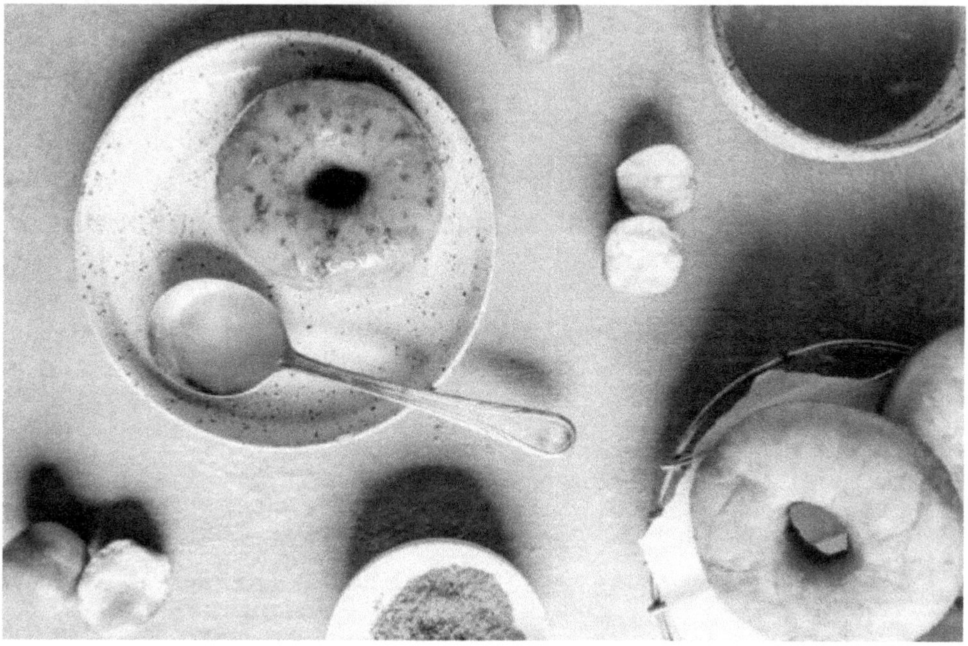

BAHAN-BAHAN:

1/2 cawan madu

1 sudu besar jus lemon

ARAHAN:

Dalam periuk kecil, panaskan madu dan jus lemon dengan api perlahan.

Kacau sehingga sebati dan dipanaskan.

Siramkan sayu madu ke atas pencuci mulut anda semasa ia masih hangat.

72Maple Glaze

BAHAN-BAHAN:

1 cawan gula tepung
2 sudu besar sirap maple tulen
1 sudu besar susu

ARAHAN:

Dalam mangkuk adunan, pukul gula tepung, sirap maple, dan susu hingga rata.
Laraskan konsistensi dengan menambah lebih banyak gula tepung atau susu mengikut keperluan.
Siramkan sayu maple ke atas pencuci mulut anda dan biarkan ia ditetapkan sebelum dihidangkan.

73Raspberry Glaze

BAHAN-BAHAN:

1 cawan gula tepung

2 sudu besar puri raspberi (tapis)

1 sudu teh jus lemon

ARAHAN:

Dalam mangkuk kecil, pukul bersama gula tepung, puri raspberi, dan jus lemon sehingga rata.

Laraskan konsistensi dengan menambah lebih banyak gula tepung atau puri raspberi mengikut keperluan.

Siramkan sayu raspberi ke atas pencuci mulut anda dan biarkan ia ditetapkan sebelum dihidangkan.

74Mango Glaze

BAHAN-BAHAN:

1 cawan gula tepung
2 sudu besar puri mangga (tapis)
1 sudu besar jus limau nipis

ARAHAN:

Dalam mangkuk kecil, pukul bersama gula tepung, puri mangga dan jus limau nipis sehingga rata.
Laraskan konsistensi dengan menambah lebih banyak gula tepung atau puri mangga mengikut keperluan.
Siramkan sayu mangga di atas pencuci mulut anda dan biarkan ia ditetapkan sebelum dihidangkan.

75Lavender Glaze

BAHAN-BAHAN:

1 cawan gula tepung

2 sudu besar susu

1/2 sudu teh tunas lavender kering (gred masakan)

Warna makanan ungu (pilihan)

ARAHAN:

Dalam periuk kecil, panaskan susu dan tunas lavender kering dengan api perlahan sehingga suam.

Keluarkan dari haba dan biarkan ia curam selama kira-kira 10 minit.

Tapis susu untuk mengeluarkan tunas lavender.

Dalam mangkuk adunan, pukul gula tepung dan susu infused sehingga sebati.

Laraskan konsistensi dengan menambah lebih banyak gula tepung atau susu mengikut keperluan.

Siramkan sayu lavender ke atas pencuci mulut anda dan biarkan ia ditetapkan sebelum dihidangkan.

76Sayu Mentega Kacang

BAHAN-BAHAN:

1/2 cawan gula halus

2 sudu besar mentega kacang berkrim

2-3 sudu besar susu

ARAHAN:

Dalam mangkuk adunan, pukul bersama gula tepung dan mentega kacang berkrim sehingga sebati.

Masukkan susu secara beransur-ansur, satu sudu pada satu masa, sehingga konsistensi yang diingini dicapai.

Tuangkan sayu mentega kacang ke atas pencuci mulut anda dan biarkan ia ditetapkan sebelum dihidangkan.

77Karamel Glaze

BAHAN-BAHAN:

1 cawan gula pasir
1/4 cawan air
1/2 cawan krim berat
2 sudu besar mentega tanpa garam
1/2 sudu teh ekstrak vanila

ARAHAN:

Dalam periuk sederhana, satukan gula pasir dan air.
Masak dengan api sederhana, kacau sentiasa, sehingga gula larut dan bertukar warna kuning.
Keluarkan periuk dari api dan masukkan krim pekat, mentega dan ekstrak vanila dengan berhati-hati. Berhati-hati kerana campuran mungkin menggelegak.
Kacau sehingga karamel sebati dan sebati.
Biarkan sayu karamel sejuk sedikit sebelum menyiramkannya ke atas pencuci mulut anda.

78 Kacang Badam

BAHAN-BAHAN:

1 cawan gula tepung

2 sudu besar susu

1/2 sudu teh ekstrak badam

Badam dihiris (pilihan, untuk hiasan)

ARAHAN:

Dalam mangkuk adunan, pukul bersama gula tepung, susu, dan ekstrak badam sehingga rata.

Laraskan konsistensi dengan menambah lebih banyak gula tepung atau susu mengikut keperluan.

Siramkan sayu badam ke atas pencuci mulut anda dan taburkan dengan hirisan badam, jika mahu.

Biarkan sayu mengeras sebelum dihidangkan.

79Sayu Kelapa

BAHAN-BAHAN:

1 cawan gula tepung
2 sudu besar santan
1/4 sudu teh perahan kelapa
Kelapa parut (pilihan, untuk hiasan)

ARAHAN:

Dalam mangkuk kecil, pukul bersama gula tepung, santan dan perahan kelapa sehingga rata.
Laraskan konsistensi dengan menambah lebih banyak gula tepung atau santan seperti yang diperlukan.
Lumurkan sayu kelapa di atas pencuci mulut anda dan taburkan dengan kelapa parut, jika mahu.
Biarkan sayu set sebelum dihidangkan.

80Pistachio Glaze

BAHAN-BAHAN:

1 cawan gula tepung

2 sudu besar susu

1/4 sudu teh ekstrak badam

1/4 cawan pistachio dicincang halus

ARAHAN:

Dalam mangkuk adunan, pukul bersama gula tepung, susu, dan ekstrak badam sehingga rata.

Laraskan konsistensi dengan menambah lebih banyak gula tepung atau susu mengikut keperluan.

Masukkan pistachio yang telah dicincang.

Sapukan sayu pistachio ke atas pencuci mulut anda dan biarkan ia ditetapkan sebelum dihidangkan.

81Matcha Green Tea Glaze

BAHAN-BAHAN:

1 cawan gula tepung

2 sudu besar susu

1 sudu teh serbuk teh hijau matcha

ARAHAN:

Dalam mangkuk kecil, pukul bersama gula tepung, susu, dan serbuk teh hijau matcha sehingga rata.

Laraskan konsistensi dengan menambah lebih banyak gula tepung atau susu mengikut keperluan.

Siramkan sayu teh hijau matcha ke atas pencuci mulut anda dan biarkan ia ditetapkan sebelum dihidangkan.

82Raspberry Lemonade Glaze

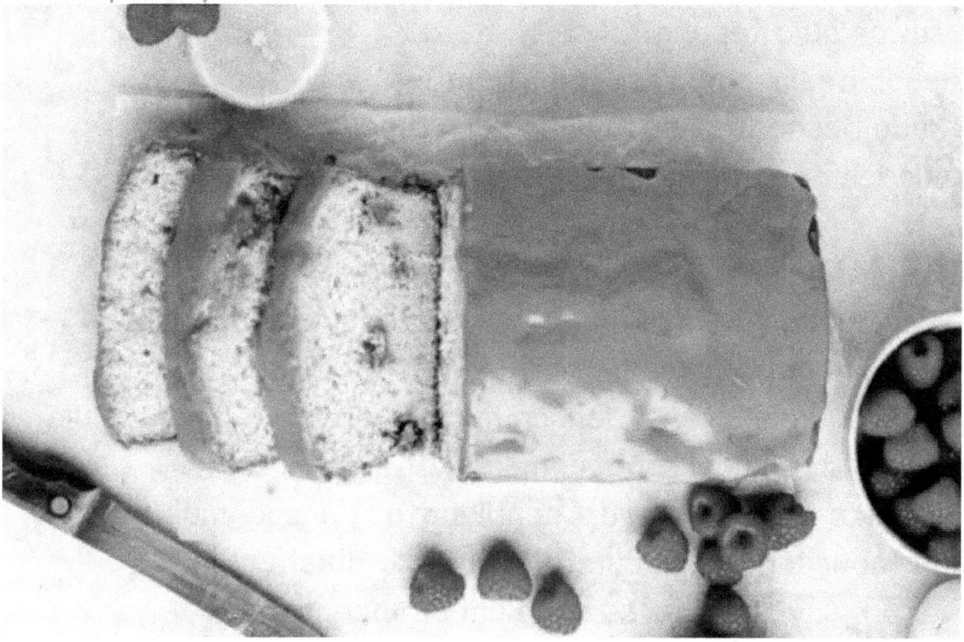

BAHAN-BAHAN:

1 cawan gula tepung
2 sudu besar puri raspberi (tapis)
1 sudu besar jus lemon yang baru diperah
Kulit lemon (pilihan, untuk hiasan)

ARAHAN:

Dalam mangkuk kecil, pukul bersama gula tepung, puri raspberi, dan jus lemon sehingga rata.
Laraskan konsistensi dengan menambah lebih banyak gula tepung atau puri raspberi mengikut keperluan.
Siramkan sayu limau raspberi ke atas pencuci mulut anda dan taburkan dengan kulit limau, jika dikehendaki.
Biarkan sayu mengeras sebelum dihidangkan.

GANACHE

83Ganache labu

BAHAN-BAHAN:

150 g coklat putih[5$\frac{1}{4}$auns]
25 g mentega [2 sudu besar]
50 g glukosa [2 sudu besar]
55 g krim berat sejuk[$\frac{1}{4}$cawan]
75 g puri labu Libby[⅓cawan]
4 g garam halal[1 sudu teh]
1 g kayu manis tanah [$\frac{1}{2}$sudu kecil]

ARAHAN:

Satukan coklat putih dan mentega dalam hidangan yang selamat untuk ketuhar gelombang mikro dan cairkannya perlahan-lahan dalam ketuhar gelombang mikro dalam semburan 15 saat, kacau antara letupan.
Pindahkan campuran coklat ke dalam bekas. Panaskan glukosa dalam ketuhar gelombang mikro selama 15 saat, kemudian segera masukkan ke dalam adunan coklat dan buzz dengan pengisar tangan.
Selepas seminit, masukkan krim kental, dengan pengisar tangan berjalan.
Campurkan dalam puri labu, garam dan kayu manis. Masukkan ganache ke dalam peti sejuk untuk mengeras sebelum digunakan, sekurang-kurangnya 4 jam, atau, secara ideal, semalaman.

84Beet-limau ganache

BAHAN-BAHAN:

2 bit sederhana, dikupas dan dipotong menjadi kepingan (gunakan sarung tangan;)

1 biji limau nipis

susu jika perlu

120 g coklat putih[4¼auns]

25 g mentega [2 sudu besar]

100 g glukosa[¼cawan]

55 g krim berat sejuk[¼cawan]

3 g garam halal[¾sudu kecil]

ARAHAN:

Panaskan ketuhar hingga 325°F.

Balut ketulan bit dalam kepingan besar aluminium foil dan letakkan di atas kuali untuk pengendalian mudah. Panggang selama 1 hingga 2 jam, atau sehingga bit berada di bahagian lembut yang lembut; beri mereka selang 30 minit tambahan dalam ketuhar jika tidak.

Sementara itu, parut perahan daripada kapur; rizab. Perah 8 g(2 sudu teh) jus daripada kapur dan rizab.

Pindahkan bit ke dalam pengisar dan purikannya.(Jika pengisar anda menyusahkan anda, tambah sehingga 1 sudu susu untuk membantu melancarkannya.) Lulus puri melalui penapis jaringan halus—ia sepatutnya mempunyai tekstur seperti labu Libby puri(atau makanan bayi). Sukat 120 g(⅓cawan) puri bit. Biarkan sejuk.

Satukan coklat putih dan mentega dalam hidangan yang selamat untuk ketuhar gelombang mikro dan cairkannya perlahan-lahan dalam ketuhar gelombang mikro dalam semburan 15 saat, kacau antara letupan. Hasilnya sepatutnya hampir tidak hangat untuk disentuh dan benar-benar homogen.

Pindahkan campuran coklat ke dalam bekas yang boleh memuatkan pengisar rendaman—sesuatu yang tinggi dan sempit, seperti bekas deli plastik 1 liter. Panaskan glukosa dalam ketuhar gelombang mikro selama 15 saat, kemudian masukkan segera ke dalam adunan coklat dan buzz dengan tangan pengisar.Selepas seminit, strim dalam krim berat, dengan pengisar tangan berjalan—campuran akan bergabung menjadi sesuatu yang sutera, berkilat dan licin.

Campurkan puri bit, kulit limau nipis dan garam. Masukkan ganache ke dalam peti sejuk selama 30 minit untuk mengeras.

Gunakan spatula untuk melipat jus limau ke dalam ganache (jangan lakukan ini sehingga ganache ditetapkan, atau anda akan memecahkan ganache). Masukkan semula ganache ke dalam peti sejuk selama sekurang-kurangnya 3 jam, atau, sebaiknya, semalaman. Disimpan dalam bekas kedap udara, ia akan disimpan di dalam peti sejuk selama 1 minggu. Hidangkan sejuk.

85Coklat hazelnut ganache

BAHAN-BAHAN:

55 g krim pekat[$\frac{1}{4}$cawan]
60 g coklat gianduja, dicairkan[2 auns]
65 g pes kacang hazel[$\frac{1}{4}$ cawan]
$\frac{1}{4}$hidangan Sos Fudge[38 g(3 sudu besar)]
1 g garam halal[$\frac{1}{4}$sudu kecil]

ARAHAN:

Didihkan krim berat dalam periuk kecil berdasar berat di atas api yang sederhana tinggi.
Sementara itu, satukan gianduja cair, pes hazelnut, sos fudge dan garam dalam mangkuk sederhana.
Tuangkan krim ke dalam mangkuk dan biarkan tidak terganggu selama 1 minit. Dengan pengisar tangan atau pemukul, campurkan kandungan mangkuk perlahan-lahan sehingga adunan berkilat dan licin seperti sutera. Ini akan mengambil masa 2 hingga 4 minit, bergantung pada anda kelajuan dan kekuatan. Gunakan segera, atau simpan dalam bekas kedap udara di dalam peti sejuk sehingga 2 minggu; jangan beku.

86Graham ganache

BAHAN-BAHAN:

½ hidangan Graham Crust
85 g susu[⅓cawan]
2 g garam halal [½ sudu teh]

ARAHAN:

Satukan kerak graham, susu dan garam dalam pengisar dan puri pada kelajuan sederhana sehingga licin dan homogen—ia akan mengambil masa 1 hingga 3 minit (bergantung pada kehebatan pengisar anda).

Jika adunan tidak menangkap bilah pengisar anda, matikan ia, ambil satu sudu teh kecil, dan kikis ke bawah sisi kanister, ingat untuk mengikis di bawah bilah, kemudian cuba lagi.

Gunakan ganache dengan segera, atau simpan dalam bekas kedap udara di dalam peti sejuk sehingga 5 hari.

87Ganache Coklat Hitam

BAHAN-BAHAN:

8 auns (225g) coklat gelap, dicincang halus

1 cawan (240ml) krim pekat

ARAHAN:

Letakkan coklat gelap yang dicincang dalam mangkuk tahan panas.

Dalam periuk kecil, panaskan krim berat di atas api sederhana sehingga ia mula mendidih.

Tuangkan krim panas ke atas coklat dan biarkan selama satu minit.

Kacau adunan sehingga coklat benar-benar cair dan licin.

Biarkan ganache sejuk sedikit sebelum menggunakannya.

88 Susu Coklat Ganache

BAHAN-BAHAN:

8 auns (225g) coklat susu, dicincang halus
1 cawan (240ml) krim pekat

ARAHAN:

Letakkan coklat susu yang dicincang halus dalam mangkuk kalis panas dan ketepikan.
Dalam periuk kecil, panaskan krim berat di atas api sederhana sehingga ia mula mendidih. Jangan biarkan ia mendidih.
Keluarkan periuk dari api dan tuangkan krim panas ke atas coklat susu cincang.
Biarkan adunan tidak terganggu selama 1-2 minit untuk membolehkan coklat menjadi lembut.
Menggunakan pemukul atau spatula, kacau adunan perlahan-lahan sehingga coklat cair sepenuhnya dan ganache licin dan berkrim.
Biarkan ganache sejuk pada suhu bilik selama kira-kira 30 minit, kemudian tutup dengan bungkus plastik dan sejukkan sekurang-kurangnya 2 jam atau sehingga ia menjadi pejal.
Setelah ganache telah sejuk dan set, anda boleh menggunakannya sebagai inti untuk kek, kek cawan, atau biskut. Ia juga boleh digunakan sebagai topping atau gerimis untuk pencuci mulut seperti brownies, ais krim atau puding.

89Ganache Coklat Putih

BAHAN-BAHAN:

8 auns (225g) coklat putih, dicincang halus
1/2 cawan (120ml) krim pekat

ARAHAN:

Letakkan coklat putih yang dicincang dalam mangkuk tahan panas.
Dalam periuk kecil, panaskan krim berat di atas api sederhana sehingga ia mula mendidih.
Tuangkan krim panas ke atas coklat putih dan biarkan selama satu minit.
Kacau adunan sehingga coklat benar-benar cair dan licin.
Biarkan ganache sejuk sedikit sebelum menggunakannya.

90Coklat Gelap Oren Ganache

BAHAN-BAHAN:

8 auns (225g) coklat gelap, dicincang halus
1 cawan (240ml) krim pekat
Serbuk 1 oren

ARAHAN:

Letakkan coklat gelap yang dicincang halus dalam mangkuk tahan panas dan ketepikan.

Dalam periuk kecil, panaskan krim berat di atas api sederhana sehingga ia mula mendidih. Jangan biarkan ia mendidih.

Setelah krim mendidih, keluarkan dari api dan tuangkan ke atas coklat yang telah dicincang.

Biarkan adunan tidak terganggu selama 1-2 minit untuk membolehkan coklat menjadi lembut.

Menggunakan pemukul atau spatula, kacau adunan perlahan-lahan sehingga coklat cair sepenuhnya dan ganache licin dan berkilat.

Masukkan perahan 1 oren ke dalam ganache dan kacau sehingga sebati.

Biarkan ganache sejuk pada suhu bilik selama kira-kira 30 minit, kemudian tutup dengan bungkus plastik dan sejukkan sekurang-kurangnya 2 jam atau sehingga ia menjadi pejal.

Setelah ganache telah sejuk dan set, anda boleh menggunakannya sebagai inti untuk kek, tart atau pencuci mulut yang lain. Anda juga boleh membentuknya menjadi truffle atau menggunakannya sebagai sayu atau topping.

91Espresso Coklat Gelap Ganache

BAHAN-BAHAN:

8 auns (225g) coklat gelap, dicincang halus
1 cawan (240ml) krim pekat
2 sudu besar serbuk espresso segera

ARAHAN:

Letakkan coklat gelap yang dicincang halus dalam mangkuk tahan panas dan ketepikan.
Dalam periuk kecil, panaskan krim berat di atas api sederhana sehingga ia mula mendidih. Jangan biarkan ia mendidih.
Keluarkan periuk dari api dan tambah serbuk espresso segera ke krim. Kacau rata sehingga serbuk espresso larut sepenuhnya.
Tuangkan adunan krim panas ke atas coklat cincang.
Biarkan adunan tidak terganggu selama 1-2 minit untuk membolehkan coklat menjadi lembut.
Menggunakan pemukul atau spatula, kacau adunan perlahan-lahan sehingga coklat cair sepenuhnya dan ganache licin dan berkilat.
Biarkan ganache sejuk pada suhu bilik selama kira-kira 30 minit, kemudian tutup dengan bungkus plastik dan sejukkan sekurang-kurangnya 2 jam atau sehingga ia menjadi pejal.
Setelah ganache telah sejuk dan set, anda boleh menggunakannya sebagai inti untuk kek, kek cawan atau pastri. Ia juga boleh digunakan sebagai sayu atau topping dekaden untuk pencuci mulut.

92Ganache Karamel Masin

BAHAN-BAHAN:

8 auns (225g) coklat gelap, dicincang halus
1 cawan (240ml) krim pekat
1/2 cawan(120ml)sos karamel masin

ARAHAN:

Letakkan coklat gelap yang dicincang halus dalam mangkuk tahan panas dan ketepikan.
Dalam periuk kecil, panaskan krim berat di atas api sederhana sehingga ia mula mendidih. Jangan biarkan ia mendidih.
Keluarkan periuk dari api dan tuang krim panas ke atas coklat cincang.
Biarkan adunan tidak terganggu selama 1-2 minit untuk membolehkan coklat menjadi lembut.
Menggunakan pemukul atau spatula, kacau adunan perlahan-lahan sehingga coklat cair sepenuhnya dan ganache licin dan berkilat.
Masukkan sos karamel masin ke dalam ganache dan kacau sehingga sebati.
Biarkan ganache sejuk pada suhu bilik selama kira-kira 30 minit, kemudian tutup dengan bungkus plastik dan sejukkan sekurang-kurangnya 2 jam atau sehingga ia menjadi pejal.
Setelah ganache telah sejuk dan set, anda boleh menggunakannya sebagai inti untuk kek, kek cawan atau pastri. Ia juga boleh digunakan sebagai topping atau gerimis untuk pencuci mulut seperti ais krim, brownies atau biskut.

93Ganache Coklat Putih Raspberi

BAHAN-BAHAN:
8 auns (225g) coklat putih, dicincang halus
1/2 cawan (120ml) krim pekat
1/4 cawan (60ml) puri raspberi

ARAHAN:
Letakkan coklat putih yang dicincang halus dalam mangkuk tahan panas dan ketepikan.
Dalam periuk kecil, panaskan krim berat di atas api sederhana sehingga ia mula mendidih. Jangan biarkan ia mendidih.
Keluarkan periuk dari api dan tuangkan krim panas ke atas coklat putih yang dicincang.
Biarkan adunan tidak terganggu selama 1-2 minit untuk membolehkan coklat menjadi lembut.
Dengan menggunakan whisk atau spatula, kacau adunan perlahan-lahan sehingga coklat putih cair sepenuhnya dan ganache licin dan berkrim.
Masukkan puri raspberi ke dalam ganache dan kacau sehingga sebati. Anda boleh membuat puri raspberi dengan mengadun raspberi segar atau beku dalam pengisar atau pemproses makanan sehingga licin, kemudian tapis mana-mana biji.
Biarkan ganache sejuk pada suhu bilik selama kira-kira 30 minit, kemudian tutup dengan bungkus plastik dan sejukkan sekurang-kurangnya 2 jam atau sehingga ia menjadi pejal.
Setelah ganache telah sejuk dan set, anda boleh menggunakannya sebagai inti untuk kek, kek cawan atau makaron. Ia juga boleh digunakan sebagai topping atau gerimis untuk pencuci mulut seperti kek keju, tart atau mousse.

94Coklat Pudina Ganache

BAHAN-BAHAN:

8 auns (225g) coklat gelap, dicincang halus
1 cawan (240ml) krim pekat
1/2 sudu teh ekstrak pudina

ARAHAN:

Letakkan coklat gelap yang dicincang halus dalam mangkuk tahan panas dan ketepikan.
Dalam periuk kecil, panaskan krim berat di atas api sederhana sehingga ia mula mendidih. Jangan biarkan ia mendidih.
Keluarkan periuk dari api dan tuangkan krim panas ke atas coklat gelap yang dicincang.
Biarkan adunan tidak terganggu selama 1-2 minit untuk membolehkan coklat menjadi lembut.
Menggunakan pemukul atau spatula, kacau adunan perlahan-lahan sehingga coklat cair sepenuhnya dan ganache licin dan berkilat.
Masukkan ekstrak pudina ke dalam ganache dan kacau sehingga sebati. Laraskan jumlah ekstrak ke tahap rasa pudina yang anda inginkan.
Biarkan ganache sejuk pada suhu bilik selama kira-kira 30 minit, kemudian tutup dengan bungkus plastik dan sejukkan sekurang-kurangnya 2 jam atau sehingga ia menjadi pejal.
Setelah ganache telah sejuk dan set, anda boleh menggunakannya sebagai inti untuk kek, kek cawan atau truffle. Ia juga boleh digunakan sebagai topping atau gerimis untuk pencuci mulut seperti brownies, ais krim atau biskut.

95Ganache Coklat Mentega Kacang

BAHAN-BAHAN:

8 auns (225g) coklat gelap, dicincang halus
1 cawan (240ml) krim pekat
1/2 cawan (120ml) mentega kacang halus

ARAHAN:

Letakkan coklat gelap yang dicincang halus dalam mangkuk tahan panas dan ketepikan.
Dalam periuk kecil, panaskan krim berat di atas api sederhana sehingga ia mula mendidih. Jangan biarkan ia mendidih.
Keluarkan periuk dari api dan tuangkan krim panas ke atas coklat gelap yang dicincang.
Biarkan adunan tidak terganggu selama 1-2 minit untuk membolehkan coklat menjadi lembut.
Menggunakan pemukul atau spatula, kacau adunan perlahan-lahan sehingga coklat cair sepenuhnya dan ganache licin dan berkilat.
Masukkan mentega kacang halus ke dalam ganache dan kacau sehingga sebati. Pastikan mentega kacang berada pada suhu bilik untuk memudahkan pengadunan.
Biarkan ganache sejuk pada suhu bilik selama kira-kira 30 minit, kemudian tutup dengan bungkus plastik dan sejukkan sekurang-kurangnya 2 jam atau sehingga ia menjadi pejal.
Setelah ganache telah sejuk dan set, anda boleh menggunakannya sebagai inti untuk kek, kek cawan, atau biskut. Ia juga boleh digunakan sebagai topping atau gerimis untuk pencuci mulut seperti brownies, ais krim atau kek keju.

96Ganache Coklat Putih Kelapa

BAHAN-BAHAN:

8 auns (225g) coklat putih, dicincang halus
1/2 cawan (120ml) krim pekat
1/2 cawan (50g) kelapa parut

ARAHAN:

Letakkan coklat putih yang dicincang halus dalam mangkuk tahan panas dan ketepikan.
Dalam periuk kecil, panaskan krim berat di atas api sederhana sehingga ia mula mendidih. Jangan biarkan ia mendidih.
Keluarkan periuk dari api dan tuangkan krim panas ke atas coklat putih yang dicincang.
Biarkan adunan tidak terganggu selama 1-2 minit untuk membolehkan coklat menjadi lembut.
Dengan menggunakan whisk atau spatula, kacau adunan perlahan-lahan sehingga coklat putih cair sepenuhnya dan ganache licin dan berkrim.
Masukkan kelapa parut ke dalam ganache dan kacau sehingga sebati. Pastikan kelapa diagihkan sama rata ke seluruh ganache.
Biarkan ganache sejuk pada suhu bilik selama kira-kira 30 minit, kemudian tutup dengan bungkus plastik dan sejukkan sekurang-kurangnya 2 jam atau sehingga ia menjadi pejal.
Setelah ganache telah sejuk dan set, anda boleh menggunakannya sebagai inti untuk kek, kek cawan atau bar. Ia juga boleh digunakan sebagai topping atau gerimis untuk pencuci mulut seperti tart, pai atau biskut.

97Hazelnut Dark Chocolate Ganache

BAHAN-BAHAN:

8 auns (225g) coklat gelap, dicincang halus
1 cawan (240ml) krim pekat
1/2 cawan (75g) hazelnut panggang yang dicincang

ARAHAN:

Letakkan coklat gelap yang dicincang halus dalam mangkuk tahan panas dan ketepikan.

Dalam periuk kecil, panaskan krim berat di atas api sederhana sehingga ia mula mendidih. Jangan biarkan ia mendidih.

Keluarkan periuk dari api dan tuangkan krim panas ke atas coklat gelap yang dicincang.

Biarkan adunan tidak terganggu selama 1-2 minit untuk membolehkan coklat menjadi lembut.

Menggunakan pemukul atau spatula, kacau adunan perlahan-lahan sehingga coklat cair sepenuhnya dan ganache licin dan berkilat.

Masukkan hazelnut panggang yang telah dicincang ke dalam ganache dan kacau sehingga sebati. Pastikan kacang hazel disejukkan sebelum dimasukkan.

Biarkan ganache sejuk pada suhu bilik selama kira-kira 30 minit, kemudian tutup dengan bungkus plastik dan sejukkan sekurang-kurangnya 2 jam atau sehingga ia menjadi pejal.

Setelah ganache telah sejuk dan set, anda boleh menggunakannya sebagai inti untuk kek, kek cawan atau pastri. Ia juga boleh digunakan sebagai topping atau renyai-renyai untuk pencuci mulut seperti brownies, ais krim atau krep.

98 Susu Almond Coklat Ganache

BAHAN-BAHAN:

8 auns (225g) coklat susu, dicincang halus
1 cawan (240ml) susu badam

ARAHAN:

Letakkan coklat susu cincang dalam mangkuk tahan panas.
Dalam periuk kecil, panaskan susu badam dengan api sederhana sehingga ia mula mendidih.
Tuangkan susu badam panas ke atas coklat dan biarkan selama satu minit.
Kacau adunan sehingga coklat benar-benar cair dan licin.
Biarkan ganache sejuk sedikit sebelum menggunakannya.

99Santan Coklat Gelap Ganache

BAHAN-BAHAN:

8 auns (225g) coklat gelap, dicincang halus

1 cawan (240ml) santan

ARAHAN:

Letakkan coklat gelap yang dicincang dalam mangkuk tahan panas.

Dalam periuk kecil, panaskan santan dengan api sederhana sehingga mula mendidih.

Tuangkan santan panas ke atas coklat dan biarkan seketika.

Kacau adunan sehingga coklat benar-benar cair dan licin.

Biarkan ganache sejuk sedikit sebelum menggunakannya.

100Ganache Coklat Putih Karamel

BAHAN-BAHAN:

8 auns (225g) coklat putih

Secubit garam laut

ARAHAN:

Panaskan ketuhar anda hingga 250°F(120°C).

Letakkan coklat putih di atas loyang yang dialas dengan kertas parchment.

Taburkan secubit garam laut ke atas coklat.

Bakar coklat selama kira-kira 1 jam, kacau setiap 10 minit sehingga coklat keemasan dan karamel.

Keluarkan coklat dari ketuhar dan biarkan ia sejuk sepenuhnya.

Cincang halus coklat putih karamel.

Dalam mangkuk kalis haba, tuangkan 1 cawan (240ml) krim pekat mendidih ke atas coklat putih karamel.

Kacau sehingga coklat benar-benar cair dan licin.

Biarkan ganache sejuk sedikit sebelum menggunakannya.

KESIMPULAN

Apabila kami sampai ke penghujung perjalanan ini, kami berharap anda telah diilhamkan dan diberi kuasa untuk bereksperimen dengan pembekuan, icing dan ganache di dapur anda sendiri. Ingat, dunia ciptaan manis hanya terhad oleh imaginasi anda. Dengan pengetahuan dan kemahiran yang anda perolehi daripada buku masakan ini, anda sudah bersedia untuk memulakan pengembaraan masakan anda sendiri.

Sama ada anda memilih untuk membuat pembekuan krim mentega klasik untuk hidangan nostalgia atau menolak sempadan dengan kombinasi rasa yang unik dan teknik inovatif, kemungkinannya tidak berkesudahan. Jangan takut untuk menjadi kreatif dan memperibadikan pencuci mulut anda untuk mencerminkan gaya dan citarasa anda sendiri.

Kami telah berkongsi minat kami untuk semua perkara yang manis, dan kini tiba masanya untuk anda melancarkan kreativiti anda sendiri. Jadi, ambil mangkuk adunan, spatula dan beg paip anda, dan biarkan artis pastri dalaman anda bersinar.

Selamat membakar!

www.ingramcontent.com/pod-product-compliance
Lightning Source LLC
LaVergne TN
LVHW010927061026
849535LV00007B/2280
* 9 7 8 1 8 3 5 7 8 3 9 2 4 *